THE NEW SIDDUR PROGRAM
FOR HEBREW AND HERITAGE

REFORM EDITION

COMPANION SIDDUR

COMMENTARY BY CHAIM STERN

BEHRMAN HOUSE

Editors:
Roberta Osser Baum
Ruby G. Strauss
Ellen Rank

Book Design:
Itzhack Shelomi

Cover Design:
Robert J. O'dell

Illustration:
Erika Weihs

CONTENTS

I Friday Evening Service Selections 5

II Sabbath Morning Service 14

III Sabbath Morning Amidah 24

IV The Reading of the Torah 34

V Special Prayers 42

VI Concluding Prayers 47

VII Songs and Hymns 51

VIII Prayers for Home and Synagogue 57

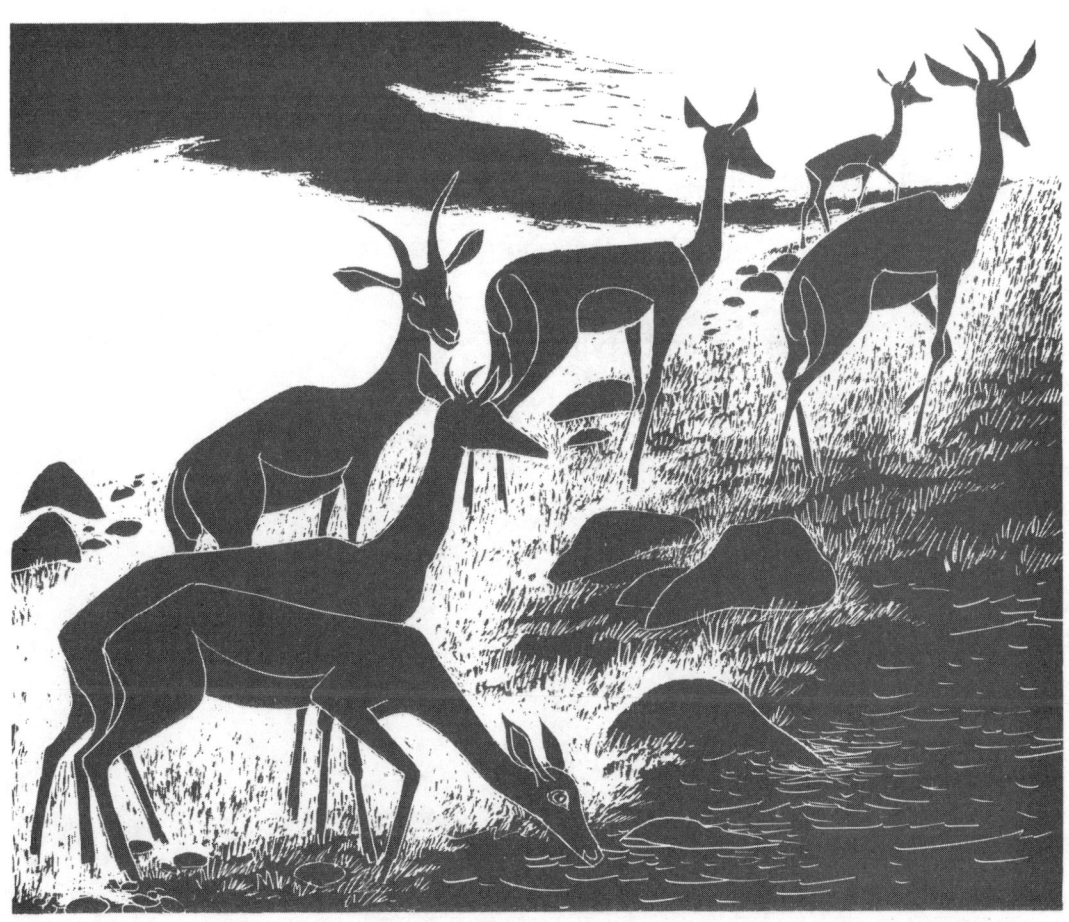

I

SELECTIONS FROM THE FRIDAY EVENING SERVICE

WELCOMING SHABBAT	קַבָּלַת שַׁבָּת
CREATION	מַעֲרִיב עֲרָבִים
REVELATION	אַהֲבַת עוֹלָם
THE SHEMA	קְרִיאַת שְׁמַע
V'AHAVTA	וְאָהַבְתָּ
REDEMPTION	גְּאוּלָּה
DIVINE PROVIDENCE	הַשְׁכִּיבֵנוּ

On Friday evening, we greet Shabbat with a special song called לְכָה דוֹדִי. This hymn refers to Shabbat as a bride and a queen.

1   לְכָה דוֹדִי לִקְרַאת כַּלָּה, פְּנֵי שַׁבָּת נְקַבְּלָה.

2   שָׁמוֹר וְזָכוֹר בְּדִבּוּר אֶחָד,

3   הִשְׁמִיעָנוּ אֵל הַמְיֻחָד.

4   יְיָ אֶחָד וּשְׁמוֹ אֶחָד,

5   לְשֵׁם וּלְתִפְאֶרֶת וְלִתְהִלָּה.

1   לְכָה דוֹדִי לִקְרַאת כַּלָּה, פְּנֵי שַׁבָּת נְקַבְּלָה.

6   לִקְרַאת שַׁבָּת לְכוּ וְנֵלְכָה,

7   כִּי הִיא מְקוֹר הַבְּרָכָה.

8   מֵרֹאשׁ מִקֶּדֶם נְסוּכָה,

9   סוֹף מַעֲשֶׂה בְּמַחֲשָׁבָה תְּחִלָּה.

1   לְכָה דוֹדִי לִקְרַאת כַּלָּה, פְּנֵי שַׁבָּת נְקַבְּלָה.

6

CREATION — מַעֲרִיב עֲרָבִים

Night falls. We go out and look at the sky. We see the moon and the stars. Even when it's cloudy, we know they're there. We can depend on them. We can recognize some of them, as they come together in groups we call constellations. Our prayer gives praise for the order of the stars, for the seasons of the year, for night and day.

בָּרוּךְ אַתָּה, יְיָ אֱלֹהֵינוּ, מֶלֶךְ הָעוֹלָם,
אֲשֶׁר בִּדְבָרוֹ מַעֲרִיב עֲרָבִים.
בְּחָכְמָה פּוֹתֵחַ שְׁעָרִים, וּבִתְבוּנָה מְשַׁנֶּה עִתִּים,
וּמַחֲלִיף אֶת־הַזְּמַנִּים, וּמְסַדֵּר אֶת־הַכּוֹכָבִים
בְּמִשְׁמְרוֹתֵיהֶם בָּרָקִיעַ כִּרְצוֹנוֹ.
בּוֹרֵא יוֹם וָלָיְלָה, גּוֹלֵל אוֹר מִפְּנֵי חֹשֶׁךְ
וְחֹשֶׁךְ מִפְּנֵי אוֹר, וּמַעֲבִיר יוֹם וּמֵבִיא לָיְלָה,
וּמַבְדִּיל בֵּין יוֹם וּבֵין לָיְלָה, יְיָ צְבָאוֹת שְׁמוֹ.
אֵל חַי וְקַיָּם, תָּמִיד יִמְלוֹךְ עָלֵינוּ, לְעוֹלָם וָעֶד.
בָּרוּךְ אַתָּה, יְיָ, הַמַּעֲרִיב עֲרָבִים.

This blessing reminds us that God showed everlasting love for the Jewish people by giving us the Torah. We show our love for God by studying Torah day and night and by performing God's Mitzvot. We read this blessing in the Evening Service, before we recite the Shema.

1 אַהֲבַת עוֹלָם בֵּית יִשְׂרָאֵל עַמְּךָ אָהָבְתָּ:

2 תּוֹרָה וּמִצְוֹת, חֻקִּים וּמִשְׁפָּטִים אוֹתָנוּ לִמַּדְתָּ.

3 עַל־כֵּן, יְיָ אֱלֹהֵינוּ, בְּשָׁכְבֵנוּ וּבְקוּמֵנוּ

4 נָשִׂיחַ בְּחֻקֶּיךָ,

5 וְנִשְׂמַח בְּדִבְרֵי תוֹרָתְךָ וּבְמִצְוֹתֶיךָ

6 לְעוֹלָם וָעֶד.

7 כִּי הֵם חַיֵּינוּ וְאֹרֶךְ יָמֵינוּ,

8 וּבָהֶם נֶהְגֶּה יוֹמָם וָלָיְלָה.

9 וְאַהֲבָתְךָ אַל־תָּסִיר מִמֶּנּוּ לְעוֹלָמִים!

10 בָּרוּךְ אַתָּה, יְיָ, אוֹהֵב עַמּוֹ יִשְׂרָאֵל.

When we recite the Shema, we call God *One*. The word "one" has an important relative – "only", so when we say the Shema we are also saying that God is our only God, that we worship God alone.

1 שְׁמַע יִשְׂרָאֵל: יְיָ אֱלֹהֵינוּ, יְיָ אֶחָד!

2 בָּרוּךְ שֵׁם כְּבוֹד מַלְכוּתוֹ לְעוֹלָם וָעֶד!

As God loves us, so are we to respond to that love with love of our own. Only when we *love* are we really able to *do*, to live by the Torah that God's love has given us.

1 וְאָהַבְתָּ אֵת יְיָ אֱלֹהֶיךָ בְּכָל־לְבָבְךָ

2 וּבְכָל־נַפְשְׁךָ וּבְכָל־מְאֹדֶךָ.

3 וְהָיוּ הַדְּבָרִים הָאֵלֶּה, אֲשֶׁר אָנֹכִי מְצַוְּךָ הַיּוֹם,

4 עַל־לְבָבֶךָ.

5 וְשִׁנַּנְתָּם לְבָנֶיךָ, וְדִבַּרְתָּ בָּם בְּשִׁבְתְּךָ בְּבֵיתֶךָ,

6 וּבְלֶכְתְּךָ בַדֶּרֶךְ, וּבְשָׁכְבְּךָ וּבְקוּמֶךָ.

7 וּקְשַׁרְתָּם לְאוֹת עַל־יָדֶךָ, וְהָיוּ לְטֹטָפֹת בֵּין עֵינֶיךָ,

8 וּכְתַבְתָּם עַל־מְזֻזוֹת בֵּיתֶךָ, וּבִשְׁעָרֶיךָ.

9 לְמַעַן תִּזְכְּרוּ וַעֲשִׂיתֶם אֶת־כָּל־מִצְוֹתַי,

10 וִהְיִיתֶם קְדֹשִׁים לֵאלֹהֵיכֶם. אֲנִי יְיָ אֱלֹהֵיכֶם,

11 אֲשֶׁר הוֹצֵאתִי אֶתְכֶם מֵאֶרֶץ מִצְרַיִם

12 לִהְיוֹת לָכֶם לֵאלֹהִים. אֲנִי יְיָ אֱלֹהֵיכֶם.

In the prayer we call "Redemption", we remember the wonders God has done for us, especially when we were slaves in the land of Egypt. And we pray that one day all people will be able to sing that they are free.

1   אֱמֶת וֶאֱמוּנָה כָּל־זֹאת, וְקַיָּם עָלֵינוּ כִּי הוּא

2   יְיָ אֱלֹהֵינוּ וְאֵין זוּלָתוֹ, וַאֲנַחְנוּ יִשְׂרָאֵל עַמּוֹ.

3   הַפּוֹדֵנוּ מִיַּד מְלָכִים, מַלְכֵּנוּ הַגּוֹאֲלֵנוּ מִכַּף

4   כָּל־הֶעָרִיצִים.

5   הָעֹשֶׂה גְדֹלוֹת עַד אֵין חֵקֶר,

6   וְנִפְלָאוֹת עַד־אֵין מִסְפָּר.

7   הַשָּׂם נַפְשֵׁנוּ בַּחַיִּים, וְלֹא־נָתַן לַמּוֹט רַגְלֵנוּ.

8   הָעֹשֶׂה לָנוּ נִסִּים בְּפַרְעֹה,

9   אוֹתוֹת וּמוֹפְתִים בְּאַדְמַת בְּנֵי חָם.

10   וַיּוֹצֵא אֶת־עַמּוֹ יִשְׂרָאֵל מִתּוֹכָם לְחֵרוּת עוֹלָם.

11 וְרָאוּ בָנָיו גְּבוּרָתוֹ; שִׁבְּחוּ וְהוֹדוּ לִשְׁמוֹ.

12 וּמַלְכוּתוֹ בְּרָצוֹן קִבְּלוּ עֲלֵיהֶם.

13 מֹשֶׁה וּבְנֵי יִשְׂרָאֵל לְךָ עָנוּ שִׁירָה

14 בְּשִׂמְחָה רַבָּה, וְאָמְרוּ כֻלָּם:

15 מִי־כָמֹכָה בָּאֵלִם, יְיָ?

16 מִי כָּמֹכָה, נֶאְדָּר בַּקֹּדֶשׁ,

17 נוֹרָא תְהִלֹּת, עֹשֵׂה פֶלֶא?

18 מַלְכוּתְךָ רָאוּ בָנֶיךָ, בּוֹקֵעַ יָם לִפְנֵי מֹשֶׁה;

19 "זֶה אֵלִי!" עָנוּ וְאָמְרוּ: "יְיָ יִמְלֹךְ לְעֹלָם וָעֶד!"

20 וְנֶאֱמַר: "כִּי־פָדָה יְיָ אֶת יַעֲקֹב,

21 וּגְאָלוֹ מִיַּד חָזָק מִמֶּנּוּ."

22 בָּרוּךְ אַתָּה, יְיָ, גָּאַל יִשְׂרָאֵל.

In the evening service we have a special prayer called in English "Divine Providence". It means that God cares for us. For example, God gives us peaceful minds, so that we can sleep well and wake up refreshed. The worries we have at night seem fewer in the morning, and we have new strength to do the day's work.

1   הַשְׁכִּיבֵנוּ, יְיָ אֱלֹהֵינוּ, לְשָׁלוֹם, וְהַעֲמִידֵנוּ, מַלְכֵּנוּ,

2   לְחַיִּים. וּפְרוֹשׂ עָלֵינוּ סֻכַּת שְׁלוֹמֶךָ, וְתַקְּנֵנוּ

3   בְּעֵצָה טוֹבָה מִלְּפָנֶיךָ, וְהוֹשִׁיעֵנוּ לְמַעַן שְׁמֶךָ,

4   וְהָגֵן בַּעֲדֵנוּ. וְהָסֵר מֵעָלֵינוּ אוֹיֵב, דֶּבֶר וְחֶרֶב

5   וְרָעָב וְיָגוֹן; וְהָסֵר שָׂטָן מִלְּפָנֵינוּ וּמֵאַחֲרֵינוּ;

6   וּבְצֵל כְּנָפֶיךָ תַּסְתִּירֵנוּ, כִּי אֵל שׁוֹמְרֵנוּ

7   וּמַצִּילֵנוּ אָתָּה, כִּי אֵל מֶלֶךְ חַנּוּן וְרַחוּם אָתָּה.

8   וּשְׁמוֹר צֵאתֵנוּ וּבוֹאֵנוּ לְחַיִּים וּלְשָׁלוֹם,

9   מֵעַתָּה וְעַד עוֹלָם, וּפְרוֹשׂ עָלֵינוּ סֻכַּת שְׁלוֹמֶךָ.

10   בָּרוּךְ אַתָּה, יְיָ, הַפּוֹרֵשׂ סֻכַּת שָׁלוֹם עָלֵינוּ,

11   וְעַל־כָּל־עַמּוֹ יִשְׂרָאֵל וְעַל יְרוּשָׁלָיִם.

II

THE SABBATH MORNING SERVICE

MORNING BLESSING	מַה טֹּבוּ
POEM OF PRAISE	בָּרוּךְ שֶׁאָמַר

THE SHEMA & ITS BLESSINGS

CALL TO WORSHIP	בָּרְכוּ
CREATION	יוֹצֵר
REVELATION	אַהֲבָה רַבָּה
THE SHEMA	קְרִיאַת שְׁמַע
V'AHAVTA	וְאָהַבְתָּ
REDEMPTION	גְאוּלָה

The Morning Service begins with מַה טֹּבוּ. This prayer expresses our feelings of respect and joy when we enter the synagogue.

1 מַה־טֹּבוּ אֹהָלֶיךָ, יַעֲקֹב, מִשְׁכְּנֹתֶיךָ, יִשְׂרָאֵל!

2 וַאֲנִי, בְּרֹב חַסְדְּךָ אָבֹא בֵיתֶךָ,

3 אֶשְׁתַּחֲוֶה אֶל־הֵיכַל קָדְשְׁךָ בְּיִרְאָתֶךָ.

4 יְיָ, אָהַבְתִּי מְעוֹן בֵּיתֶךָ, וּמְקוֹם מִשְׁכַּן כְּבוֹדֶךָ.

5 וַאֲנִי אֶשְׁתַּחֲוֶה וְאֶכְרָעָה, אֶבְרְכָה לִפְנֵי־יְיָ עֹשִׂי.

6 וַאֲנִי תְפִלָּתִי לְךָ, יְיָ, עֵת רָצוֹן.

7 אֱלֹהִים, בְּרָב־חַסְדֶּךָ, עֲנֵנִי בֶּאֱמֶת יִשְׁעֶךָ.

In this prayer we praise God, the Creator of our world.

1 בָּרוּךְ שֶׁאָמַר וְהָיָה הָעוֹלָם,

2 בָּרוּךְ הוּא.

3 בָּרוּךְ עוֹשֶׂה בְרֵאשִׁית,

4 בָּרוּךְ אוֹמֵר וְעוֹשֶׂה.

5 בָּרוּךְ גּוֹזֵר וּמְקַיֵּם,

6 בָּרוּךְ מְרַחֵם עַל הָאָרֶץ.

7 בָּרוּךְ מְרַחֵם עַל הַבְּרִיּוֹת,

8 בָּרוּךְ מְשַׁלֵּם שָׂכָר טוֹב לִירֵאָיו.

9 בָּרוּךְ חַי לָעַד וְקַיָּם לָנֶצַח,

10 בָּרוּךְ פּוֹדֶה וּמַצִּיל,

11 בָּרוּךְ שְׁמוֹ.

CALL TO WORSHIP בָּרְכוּ

The leader calls us to prayer, and we respond.

1 בָּרְכוּ אֶת־יְיָ הַמְבֹרָךְ!

2 בָּרוּךְ יְיָ הַמְבֹרָךְ לְעוֹלָם וָעֶד!

We begin our praise of God by giving thanks for the world that God has created.

1 בָּרוּךְ אַתָּה, יְיָ אֱלֹהֵינוּ, מֶלֶךְ הָעוֹלָם,

alert for letter

2 יוֹצֵר אוֹר וּבוֹרֵא חֹשֶׁךְ,

3 עֹשֶׂה שָׁלוֹם וּבוֹרֵא אֶת־הַכֹּל.

4 הַמֵּאִיר לָאָרֶץ וְלַדָּרִים עָלֶיהָ בְּרַחֲמִים,

5 וּבְטוּבוֹ מְחַדֵּשׁ בְּכָל־יוֹם תָּמִיד

6 מַעֲשֵׂה בְרֵאשִׁית.

7 מָה רַבּוּ מַעֲשֶׂיךָ, יְיָ! כֻּלָּם בְּחָכְמָה עָשִׂיתָ,

o saw

8 מָלְאָה הָאָרֶץ קִנְיָנֶךָ.

9 תִּתְבָּרַךְ, יְיָ אֱלֹהֵינוּ, עַל־שֶׁבַח מַעֲשֵׂה יָדֶיךָ,

10 וְעַל־מְאוֹרֵי־אוֹר שֶׁעָשִׂיתָ: יְפָאֲרוּךָ. סֶלָה.

11 בָּרוּךְ אַתָּה, יְיָ, יוֹצֵר הַמְּאוֹרוֹת.

אַהֲבָה רַבָּה

With great love God reveals to us Torah, Teaching, so that we will know how best to live in this wondrous creation.

1 אַהֲבָה רַבָּה אֲהַבְתָּנוּ, יְיָ אֱלֹהֵינוּ, חֶמְלָה גְדוֹלָה

2 וִיתֵרָה חָמַלְתָּ עָלֵינוּ. אָבִינוּ מַלְכֵּנוּ,

3 בַּעֲבוּר אֲבוֹתֵינוּ שֶׁבָּטְחוּ בְךָ וַתְּלַמְּדֵם חֻקֵּי חַיִּים,

4 כֵּן תְּחָנֵּנוּ וּתְלַמְּדֵנוּ. אָבִינוּ, הָאָב הָרַחֲמָן,

5 הַמְרַחֵם, רַחֵם עָלֵינוּ וְתֵן בְּלִבֵּנוּ לְהָבִין וּלְהַשְׂכִּיל,

6 לִשְׁמֹעַ לִלְמֹד וּלְלַמֵּד, לִשְׁמֹר וְלַעֲשׂוֹת וּלְקַיֵּם

7 אֶת־כָּל־דִּבְרֵי תַלְמוּד תּוֹרָתֶךָ בְּאַהֲבָה.

8 וְהָאֵר עֵינֵינוּ בְּתוֹרָתֶךָ, וְדַבֵּק לִבֵּנוּ בְּמִצְוֹתֶיךָ,

9 וְיַחֵד לְבָבֵנוּ לְאַהֲבָה וּלְיִרְאָה אֶת־שְׁמֶךָ.

10 וְלֹא־נֵבוֹשׁ לְעוֹלָם וָעֶד, כִּי בְשֵׁם קָדְשְׁךָ הַגָּדוֹל

11 וְהַנּוֹרָא בָּטָחְנוּ. נָגִילָה וְנִשְׂמְחָה בִּישׁוּעָתֶךָ,

12 כִּי אֵל פּוֹעֵל יְשׁוּעוֹת אָתָּה, וּבָנוּ בָחַרְתָּ

13 וְקֵרַבְתָּנוּ לְשִׁמְךָ הַגָּדוֹל סֶלָה בֶּאֱמֶת,

14 לְהוֹדוֹת לְךָ וּלְיַחֶדְךָ בְּאַהֲבָה.

15 בָּרוּךְ אַתָּה, יְיָ, הַבּוֹחֵר בְּעַמּוֹ יִשְׂרָאֵל בְּאַהֲבָה.

When we recite the Shema, we call God *One*. The word "one" has an important relative – "only", so when we say the Shema we are also saying that God is our only God, that we worship God alone.

1 שְׁמַע יִשְׂרָאֵל: יְיָ אֱלֹהֵינוּ, יְיָ אֶחָד!

2 בָּרוּךְ שֵׁם כְּבוֹד מַלְכוּתוֹ לְעוֹלָם וָעֶד!

V'AHAVTA

As God loves us, so are we to respond to that love with love of our own. Only when we *love* are we really able to *do*, to live by the Torah that God's love has given us.

1 וְאָהַבְתָּ אֵת יְיָ אֱלֹהֶיךָ בְּכָל-לְבָבְךָ

2 וּבְכָל-נַפְשְׁךָ וּבְכָל-מְאֹדֶךָ.

3 וְהָיוּ הַדְּבָרִים הָאֵלֶּה, אֲשֶׁר אָנֹכִי מְצַוְּךָ הַיּוֹם,

4 עַל-לְבָבֶךָ.

5 וְשִׁנַּנְתָּם לְבָנֶיךָ, וְדִבַּרְתָּ בָּם בְּשִׁבְתְּךָ בְּבֵיתֶךָ,

6 וּבְלֶכְתְּךָ בַדֶּרֶךְ, וּבְשָׁכְבְּךָ וּבְקוּמֶךָ.

7 וּקְשַׁרְתָּם לְאוֹת עַל-יָדֶךָ, וְהָיוּ לְטֹטָפֹת בֵּין עֵינֶיךָ,

8 וּכְתַבְתָּם עַל-מְזֻזוֹת בֵּיתֶךָ, וּבִשְׁעָרֶיךָ.

9 לְמַעַן תִּזְכְּרוּ וַעֲשִׂיתֶם אֶת-כָּל-מִצְוֹתָי,

10 וִהְיִיתֶם קְדֹשִׁים לֵאלֹהֵיכֶם. אֲנִי יְיָ אֱלֹהֵיכֶם,

11 אֲשֶׁר הוֹצֵאתִי אֶתְכֶם מֵאֶרֶץ מִצְרַיִם

12 לִהְיוֹת לָכֶם לֵאלֹהִים. אֲנִי יְיָ אֱלֹהֵיכֶם.

REDEMPTION גְּאֻלָּה

In this blessing we give thanks for freedom. For only when we are free can we worship God completely. We remember that long ago our people were enslaved in Egypt. With God's help we broke the chains of slavery and escaped to freedom. Having looked back, we look forward to a time when all people will be free. And this time, perhaps forever.

אֱמֶת וְיַצִּיב, וְאָהוּב וְחָבִיב, וְנוֹרָא וְאַדִּיר, וְטוֹב
וְיָפֶה הַדָּבָר הַזֶּה עָלֵינוּ לְעוֹלָם וָעֶד. אֱמֶת,
אֱלֹהֵי עוֹלָם מַלְכֵּנוּ, צוּר יַעֲקֹב מָגֵן יִשְׁעֵנוּ.
לְדֹר וָדֹר הוּא קַיָּם, וּשְׁמוֹ קַיָּם, וְכִסְאוֹ נָכוֹן,
וּמַלְכוּתוֹ וֶאֱמוּנָתוֹ לָעַד קַיָּמֶת.
וּדְבָרָיו חָיִים וְקַיָּמִים, נֶאֱמָנִים וְנֶחֱמָדִים,
לָעַד וּלְעוֹלְמֵי עוֹלָמִים.
מִמִּצְרַיִם גְּאַלְתָּנוּ, יְיָ אֱלֹהֵינוּ, וּמִבֵּית עֲבָדִים
פְּדִיתָנוּ. עַל־זֹאת שִׁבְּחוּ אֲהוּבִים וְרוֹמְמוּ אֵל,
וְנָתְנוּ יְדִידִים זְמִירוֹת, שִׁירוֹת וְתִשְׁבָּחוֹת,
בְּרָכוֹת וְהוֹדָאוֹת לַמֶּלֶךְ, אֵל חַי וְקַיָּם.
רָם וְנִשָּׂא, גָּדוֹל וְנוֹרָא, מַשְׁפִּיל גֵּאִים וּמַגְבִּיהַּ
שְׁפָלִים, מוֹצִיא אֲסִירִים וּפוֹדֶה עֲנָוִים,

14 וְעוֹזֵר דַּלִּים, וְעוֹנֶה לְעַמּוֹ בְּעֵת שַׁוְּעָם אֵלָיו.

15 תְּהִלּוֹת לְאֵל עֶלְיוֹן, בָּרוּךְ הוּא וּמְבֹרָךְ.

16 מֹשֶׁה וּבְנֵי יִשְׂרָאֵל לְךָ עָנוּ שִׁירָה

17 בְּשִׂמְחָה רַבָּה, וְאָמְרוּ כֻלָּם:

Moses and the children of Israel sang a song to praise God's name.

18 מִי־כָמֹכָה בָּאֵלִם, יְיָ? מִי כָּמֹכָה נֶאְדָּר בַּקֹּדֶשׁ,

19 נוֹרָא תְהִלֹּת, עֹשֵׂה־פֶלֶא?

20 שִׁירָה חֲדָשָׁה שִׁבְּחוּ גְאוּלִים לְשִׁמְךָ

21 עַל־שְׂפַת הַיָּם;

22 יַחַד כֻּלָּם הוֹדוּ וְהִמְלִיכוּ וְאָמְרוּ:

23 "יְיָ יִמְלֹךְ לְעוֹלָם וָעֶד!"

23

III

THE SABBATH MORNING AMIDAH

GOD OF ALL GENERATIONS	אָבוֹת
GOD'S POWER	גְבוּרוֹת
SANCTIFICATION	קְדוּשָׁה
THE HOLINESS OF SHABBAT	קְדוּשַׁת הַיּוֹם
WORSHIP	עֲבוֹדָה
THANKSGIVING	הוֹדָאָה
PEACE	בִּרְכַּת שָׁלוֹם
SILENT PRAYER	אֱלֹהַי

GOD OF ALL GENERATIONS — אָבוֹת

All our mothers and fathers – Abraham and Sarah, Isaac and Rebecca, Jacob and Rachel and Leah – praised and loved and hoped as we do. For God is always *our* God – God not only of the past, but of the present and the future.

Before we begin the עֲמִידָה, we recite this sentence:

1 אֲדֹנָי, שְׂפָתַי תִּפְתָּח, וּפִי יַגִּיד תְּהִלָּתֶךָ.

2 בָּרוּךְ אַתָּה יְיָ, אֱלֹהֵינוּ וֵאלֹהֵי אֲבוֹתֵינוּ

3 (וְאִמּוֹתֵינוּ), אֱלֹהֵי אַבְרָהָם, אֱלֹהֵי יִצְחָק,

4 וֵאלֹהֵי יַעֲקֹב: (אֱלֹהֵי שָׂרָה, אֱלֹהֵי רִבְקָה,

5 אֱלֹהֵי לֵאָה, וֵאלֹהֵי רָחֵל.)

6 הָאֵל הַגָּדוֹל, הַגִּבּוֹר וְהַנּוֹרָא, אֵל עֶלְיוֹן.

7 גּוֹמֵל חֲסָדִים טוֹבִים, וְקוֹנֵה הַכֹּל,

8 וְזוֹכֵר חַסְדֵי אָבוֹת (וְאִמָּהוֹת),

9 וּמֵבִיא גְאֻלָּה לִבְנֵי בְנֵיהֶם,

10 לְמַעַן שְׁמוֹ, בְּאַהֲבָה.

11 מֶלֶךְ עוֹזֵר וּמוֹשִׁיעַ וּמָגֵן.

12 בָּרוּךְ אַתָּה, יְיָ, מָגֵן אַבְרָהָם (וְעֶזְרַת שָׂרָה).

GOD'S POWER גְּבוּרוֹת

The God before whom we stand has given us life and God's power helps us to live. We look to God for courage and inspiration, for the strength to face our troubles and to overcome our sorrows.

אַתָּה גִּבּוֹר לְעוֹלָם, אֲדֹנָי, מְחַיֵּה הַכֹּל אַתָּה,
רַב לְהוֹשִׁיעַ.
מְכַלְכֵּל חַיִּים בְּחֶסֶד, מְחַיֵּה הַכֹּל בְּרַחֲמִים רַבִּים.
סוֹמֵךְ נוֹפְלִים, וְרוֹפֵא חוֹלִים, וּמַתִּיר
אֲסוּרִים, וּמְקַיֵּם אֱמוּנָתוֹ לִישֵׁנֵי עָפָר.
מִי כָמוֹךָ, בַּעַל גְּבוּרוֹת, וּמִי דּוֹמֶה לָּךְ,
מֶלֶךְ מֵמִית וּמְחַיֶּה וּמַצְמִיחַ יְשׁוּעָה?
וְנֶאֱמָן אַתָּה לְהַחֲיוֹת הַכֹּל.
בָּרוּךְ אַתָּה, יְיָ, מְחַיֵּה הַכֹּל.

SANCTIFICATION קְדוּשָּׁה

The *K'dushah* is a celebration of God's holiness. What is holy? That which is most precious, great beyond words, most worthy of our love and adoration. All this we mean when we call out that God is *Kadosh*, Holy!

נְקַדֵּשׁ אֶת־שִׁמְךָ בָּעוֹלָם,
כְּשֵׁם שֶׁמַּקְדִּישִׁים אוֹתוֹ בִּשְׁמֵי מָרוֹם,
כַּכָּתוּב עַל־יַד נְבִיאֶךָ:
וְקָרָא זֶה אֶל־זֶה וְאָמַר:
קָדוֹשׁ, קָדוֹשׁ, קָדוֹשׁ יְיָ צְבָאוֹת,
מְלֹא כָל־הָאָרֶץ כְּבוֹדוֹ.
אַדִּיר אַדִּירֵנוּ, יְיָ אֲדֹנֵינוּ,
מָה־אַדִּיר שִׁמְךָ בְּכָל־הָאָרֶץ!
בָּרוּךְ כְּבוֹד־יְיָ מִמְּקוֹמוֹ.

10 אֶחָד הוּא אֱלֹהֵינוּ, הוּא אָבִינוּ,

11 הוּא מַלְכֵּנוּ, הוּא מוֹשִׁיעֵנוּ;

12 וְהוּא יַשְׁמִיעֵנוּ בְּרַחֲמָיו לְעֵינֵי כָּל־חָי:

13 "אֲנִי יְיָ אֱלֹהֵיכֶם!"

14 יִמְלֹךְ יְיָ לְעוֹלָם, אֱלֹהַיִךְ צִיּוֹן, לְדֹר וָדֹר.

15 הַלְלוּיָהּ!

16 לְדוֹר וָדוֹר נַגִּיד גָּדְלֶךָ,

17 וּלְנֵצַח נְצָחִים קְדֻשָּׁתְךָ נַקְדִּישׁ.

18 וְשִׁבְחֲךָ, אֱלֹהֵינוּ, מִפִּינוּ לֹא יָמוּשׁ לְעוֹלָם וָעֶד.

19 בָּרוּךְ אַתָּה, יְיָ, הָאֵל הַקָּדוֹשׁ.

THE HOLINESS OF SHABBAT — קְדוּשַּׁת הַיּוֹם

learn this one by memory

On Shabbat we feel the holiness of this special day, one unlike the others. For Shabbat brings us closer to the holy God, and to God's world.

1 וְשָׁמְרוּ בְנֵי־יִשְׂרָאֵל אֶת־הַשַּׁבָּת,

2 לַעֲשׂוֹת אֶת־הַשַּׁבָּת לְדֹרֹתָם בְּרִית עוֹלָם.

3 בֵּינִי וּבֵין בְּנֵי יִשְׂרָאֵל אוֹת הִיא לְעֹלָם,

4 כִּי שֵׁשֶׁת יָמִים עָשָׂה יְיָ

5 אֶת־הַשָּׁמַיִם וְאֶת־הָאָרֶץ,

6 וּבַיּוֹם הַשְּׁבִיעִי שָׁבַת וַיִּנָּפַשׁ.

7 אֱלֹהֵינוּ וֵאלֹהֵי אֲבוֹתֵינוּ (וְאִמּוֹתֵינוּ),

8 רְצֵה בִמְנוּחָתֵנוּ.

9 קַדְּשֵׁנוּ בְּמִצְוֹתֶיךָ וְתֵן חֶלְקֵנוּ בְּתוֹרָתֶךָ.

10 שַׂבְּעֵנוּ מִטּוּבֶךָ, וְשַׂמְּחֵנוּ בִּישׁוּעָתֶךָ,

11 וְטַהֵר לִבֵּנוּ לְעָבְדְּךָ בֶּאֱמֶת.

12 וְהַנְחִילֵנוּ, יְיָ אֱלֹהֵינוּ, בְּאַהֲבָה וּבְרָצוֹן

13 שַׁבַּת קָדְשֶׁךָ, וְיָנוּחוּ בָהּ יִשְׂרָאֵל מְקַדְּשֵׁי שְׁמֶךָ.

14 בָּרוּךְ אַתָּה, יְיָ, מְקַדֵּשׁ הַשַּׁבָּת.

We ask that our prayers may be acceptable, that is, worthy of us. Our prayers should be unselfish. Our prayers should be their own answer because they bring God closer to our hearts.

1 רְצֵה, יְיָ אֱלֹהֵינוּ, בְּעַמְּךָ יִשְׂרָאֵל,

2 וּתְפִלָּתָם בְּאַהֲבָה תְקַבֵּל,

3 וּתְהִי לְרָצוֹן תָּמִיד עֲבוֹדַת יִשְׂרָאֵל עַמֶּךָ.

4 אֵל קָרוֹב לְכָל־קֹרְאָיו, פְּנֵה אֶל עֲבָדֶיךָ וְחָנֵּנוּ;

5 שְׁפוֹךְ רוּחֲךָ עָלֵינוּ,

6 וְתֶחֱזֶינָה עֵינֵינוּ בְּשׁוּבְךָ לְצִיּוֹן בְּרַחֲמִים.

7 בָּרוּךְ אַתָּה, יְיָ, הַמַּחֲזִיר שְׁכִינָתוֹ לְצִיּוֹן.

Our worship reminds us that all that is, is a miracle for which we should be thankful.

---

1. מוֹדִים אֲנַחְנוּ לָךְ, שָׁאַתָּה הוּא יְיָ אֱלֹהֵינוּ

2. וֵאלֹהֵי אֲבוֹתֵינוּ (וְאִמּוֹתֵינוּ), לְעוֹלָם וָעֶד.

3. צוּר חַיֵּינוּ, מָגֵן יִשְׁעֵנוּ, אַתָּה הוּא לְדוֹר וָדוֹר.

4. נוֹדֶה לְךָ וּנְסַפֵּר תְּהִלָּתֶךָ,

5. עַל־חַיֵּינוּ הַמְּסוּרִים בְּיָדֶךָ,

6. וְעַל־נִשְׁמוֹתֵינוּ הַפְּקוּדוֹת לָךְ,

7. וְעַל־נִסֶּיךָ שֶׁבְּכָל־יוֹם עִמָּנוּ,

8. וְעַל־נִפְלְאוֹתֶיךָ וְטוֹבוֹתֶיךָ שֶׁבְּכָל־עֵת,

9. עֶרֶב וָבֹקֶר וְצָהֳרָיִם. הַטּוֹב: כִּי לֹא־כָלוּ רַחֲמֶיךָ,

10. וְהַמְרַחֵם: כִּי־לֹא תַמּוּ חֲסָדֶיךָ, מֵעוֹלָם קִוִּינוּ לָךְ.

11. וְעַל כֻּלָּם יִתְבָּרַךְ וְיִתְרוֹמַם שִׁמְךָ,

12. מַלְכֵּנוּ, תָּמִיד לְעוֹלָם וָעֶד.

13. וְכֹל הַחַיִּים יוֹדוּךָ סֶּלָה, וִיהַלְלוּ אֶת שִׁמְךָ

14. בֶּאֱמֶת, הָאֵל יְשׁוּעָתֵנוּ וְעֶזְרָתֵנוּ סֶלָה.

15. בָּרוּךְ אַתָּה, יְיָ, הַטּוֹב שִׁמְךָ וּלְךָ נָאֶה לְהוֹדוֹת.

Shalom means peace. But the word means much more. When we have Shalom, we are whole – one with God, one with people, one with ourselves.

---

1 שִׂים שָׁלוֹם, טוֹבָה וּבְרָכָה, חֵן וָחֶסֶד וְרַחֲמִים,

2 עָלֵינוּ וְעַל־כָּל־יִשְׂרָאֵל וְעַל־כָּל־הָעַמִּים.

3 בָּרְכֵנוּ אָבִינוּ, כֻּלָּנוּ כְּאֶחָד, בְּאוֹר פָּנֶיךָ,

4 כִּי בְאוֹר פָּנֶיךָ נָתַתָּ לָּנוּ, יְיָ אֱלֹהֵינוּ,

5 תּוֹרַת חַיִּים, וְאַהֲבַת חֶסֶד, וּצְדָקָה

6 וּבְרָכָה וְרַחֲמִים, וְחַיִּים וְשָׁלוֹם.

7 וְטוֹב בְּעֵינֶיךָ לְבָרֵךְ אֶת־עַמְּךָ יִשְׂרָאֵל

8 וְאֶת־כָּל־הָעַמִּים בְּכָל־עֵת וּבְכָל־שָׁעָה

9 בִּשְׁלוֹמֶךָ.

10 בָּרוּךְ אַתָּה, יְיָ, הַמְבָרֵךְ אֶת־עַמּוֹ יִשְׂרָאֵל

11 בַּשָּׁלוֹם.

The *Amidah* ends with a silent prayer, a private prayer written by Mar son of Ravina. We are invited to add our own words to the words that come to us from our tradition.

1 אֱלֹהַי, נְצֹר לְשׁוֹנִי מֵרָע, וּשְׂפָתַי מִדַּבֵּר מִרְמָה,

2 וְלִמְקַלְלַי נַפְשִׁי תִדּוֹם, וְנַפְשִׁי כֶּעָפָר לַכֹּל תִּהְיֶה.

3 פְּתַח לִבִּי בְּתוֹרָתֶךָ, וּבְמִצְוֹתֶיךָ תִּרְדּוֹף נַפְשִׁי,

4 וְכָל הַחוֹשְׁבִים עָלַי רָעָה,

5 מְהֵרָה הָפֵר עֲצָתָם וְקַלְקֵל מַחֲשַׁבְתָּם.

6 עֲשֵׂה לְמַעַן שְׁמֶךָ, עֲשֵׂה לְמַעַן יְמִינֶךָ,

7 עֲשֵׂה לְמַעַן קְדֻשָּׁתֶךָ, עֲשֵׂה לְמַעַן תּוֹרָתֶךָ.

8 לְמַעַן יֵחָלְצוּן יְדִידֶיךָ. הוֹשִׁיעָה יְמִינְךָ וַעֲנֵנִי.

9 יִהְיוּ לְרָצוֹן אִמְרֵי־פִי וְהֶגְיוֹן לִבִּי לְפָנֶיךָ,

10 יְיָ, צוּרִי וְגוֹאֲלִי.

11 עֹשֶׂה שָׁלוֹם בִּמְרוֹמָיו, הוּא יַעֲשֶׂה שָׁלוֹם

12 עָלֵינוּ וְעַל כָּל־יִשְׂרָאֵל, וְאִמְרוּ אָמֵן.

IV

THE READING OF THE TORAH

TAKING THE TORAH FROM THE ARK	סֵדֶר הוֹצָאַת סֵפֶר הַתּוֹרָה
TORAH BLESSINGS	בִּרְכוֹת הַתּוֹרָה
HAFTARAH BLESSINGS	בִּרְכוֹת הַהַפְטָרָה
RETURNING THE TORAH TO THE ARK	סֵדֶר הַכְנָסַת סֵפֶר הַתּוֹרָה

TAKING THE TORAH FROM THE ARK

סֵדֶר הוֹצָאַת סֵפֶר הַתּוֹרָה

When we read or hear Torah, we are following in the footsteps of generations of Jews who came before us. We learn about the beginnings of our people; we follow their struggle to understand how to live in the sight of God. We make their learning and their struggles our own.

---

1 אֵין כָּמְוֹךָ בָאֱלֹהִים, יְיָ, וְאֵין כְּמַעֲשֶׂיךָ.

2 מַלְכוּתְךָ מַלְכוּת כָּל־עוֹלָמִים,

3 וּמֶמְשַׁלְתְּךָ בְּכָל־דּוֹר וָדֹר.

4 יְיָ מֶלֶךְ, יְיָ מָלָךְ, יְיָ יִמְלֹךְ לְעוֹלָם וָעֶד.

5 יְיָ עֹז לְעַמּוֹ יִתֵּן, יְיָ יְבָרֵךְ אֶת־עַמּוֹ בַשָּׁלוֹם.

All rise

6 אַב הָרַחֲמִים, הֵיטִיבָה בִרְצוֹנְךָ אֶת־צִיּוֹן;

7 תִּבְנֶה חוֹמוֹת יְרוּשָׁלָיִם. כִּי בְךָ לְבַד בָּטָחְנוּ,

8 מֶלֶךְ אֵל רָם וְנִשָּׂא, אֲדוֹן עוֹלָמִים.

The Ark is opened

9 הָבוּ גֹדֶל לֵאלֹהֵינוּ וּתְנוּ כָבוֹד לַתּוֹרָה.

The Torah is taken from the Ark

10 כִּי מִצִּיּוֹן תֵּצֵא תוֹרָה, וּדְבַר־יְיָ מִירוּשָׁלָיִם.

11 בָּרוּךְ שֶׁנָּתַן תּוֹרָה לְעַמּוֹ יִשְׂרָאֵל בִּקְדֻשָּׁתוֹ.

12 שְׁמַע יִשְׂרָאֵל: יְיָ אֱלֹהֵינוּ, יְיָ אֶחָד!

13 אֶחָד אֱלֹהֵינוּ, גָּדוֹל אֲדוֹנֵינוּ, קָדוֹשׁ שְׁמוֹ.

14 גַּדְּלוּ לַיְיָ אִתִּי וּנְרוֹמְמָה שְׁמוֹ יַחְדָּו.

15 לְךָ, יְיָ, הַגְּדֻלָּה וְהַגְּבוּרָה וְהַתִּפְאֶרֶת

16 וְהַנֵּצַח וְהַהוֹד,

17 כִּי כֹל בַּשָּׁמַיִם וּבָאָרֶץ, לְךָ יְיָ הַמַּמְלָכָה

18 וְהַמִּתְנַשֵּׂא לְכֹל לְרֹאשׁ.

All are seated.

TORAH BLESSINGS — בִּרְכוֹת הַתּוֹרָה

We say a blessing before and after the reading of the Torah, giving thanks for the privilege of being part of a people of Torah, and for the Torah's gift of true life to all who make it their own.

Each congregant honored recites the following blessing:

1 בָּרְכוּ אֶת־יְיָ הַמְבֹרָךְ.

Congregation responds:

2 בָּרוּךְ יְיָ הַמְבֹרָךְ לְעוֹלָם וָעֶד!

The congregant honored continues:

3 בָּרוּךְ יְיָ הַמְבֹרָךְ לְעוֹלָם וָעֶד!

4 בָּרוּךְ אַתָּה, יְיָ, אֱלֹהֵינוּ, מֶלֶךְ הָעוֹלָם,

5 אֲשֶׁר בָּחַר־בָּנוּ מִכָּל־הָעַמִּים

6 וְנָתַן־לָנוּ אֶת־תּוֹרָתוֹ.

7 בָּרוּךְ אַתָּה, יְיָ, נוֹתֵן הַתּוֹרָה.

The Torah is now read. At the conclusion of each portion, the congregant honored recites:

8 בָּרוּךְ אַתָּה, יְיָ אֱלֹהֵינוּ, מֶלֶךְ הָעוֹלָם,

9 אֲשֶׁר נָתַן לָנוּ תּוֹרַת אֱמֶת

10 וְחַיֵּי עוֹלָם נָטַע בְּתוֹכֵנוּ.

11 בָּרוּךְ אַתָּה, יְיָ, נוֹתֵן הַתּוֹרָה.

After the Torah Reading is completed, the Torah scroll is held up so that the congregation can see columns of the text. The congregation then sings:

12 וְזֹאת הַתּוֹרָה אֲשֶׁר־שָׂם מֹשֶׁה

13 לִפְנֵי בְּנֵי יִשְׂרָאֵל,

14 עַל־פִּי יְיָ בְּיַד־מֹשֶׁה.

Our *Haftarah* is read from the later books of the Bible, from the Prophets or the historical books. This reading is related to the subject of the Torah reading, or to the time of the year. We recite blessings of thanksgiving before and after the reading.

Blessing before the Haftarah

1   בָּרוּךְ אַתָּה, יְיָ אֱלֹהֵינוּ, מֶלֶךְ הָעוֹלָם, אֲשֶׁר בָּחַר

2   בִּנְבִיאִים טוֹבִים וְרָצָה בְדִבְרֵיהֶם הַנֶּאֱמָרִים

3   בֶּאֱמֶת. בָּרוּךְ אַתָּה, יְיָ, הַבּוֹחֵר בַּתוֹרָה וּבְמשֶׁה

4   עַבְדּוֹ וּבְיִשְׂרָאֵל עַמּוֹ וּבִנְבִיאֵי הָאֱמֶת וָצֶדֶק.

The Blessings after the Haftarah

5   בָּרוּךְ אַתָּה, יְיָ אֱלֹהֵינוּ, מֶלֶךְ הָעוֹלָם,

6   צוּר כָּל־הָעוֹלָמִים, צַדִּיק בְּכָל־הַדּוֹרוֹת,

7   הָאֵל הַנֶּאֱמָן, הָאוֹמֵר וְעוֹשֶׂה, הַמְדַבֵּר וּמְקַיֵּם,

8   שֶׁכָּל־דְּבָרָיו אֱמֶת וָצֶדֶק.

9   עַל־הַתּוֹרָה וְעַל־הָעֲבוֹדָה וְעַל־הַנְּבִיאִים

10   וְעַל־יוֹם הַשַּׁבָּת הַזֶּה, שֶׁנָּתַתָּ־לָּנוּ, יְיָ אֱלֹהֵינוּ,

11   לִקְדֻשָּׁה וְלִמְנוּחָה, לְכָבוֹד וּלְתִפְאָרֶת, עַל־הַכֹּל,

12   יְיָ אֱלֹהֵינוּ, אֲנַחְנוּ מוֹדִים לָךְ, וּמְבָרְכִים אוֹתָךְ.

13   יִתְבָּרַךְ שִׁמְךָ בְּפִי כָּל־חַי תָּמִיד לְעוֹלָם וָעֶד.

14   בָּרוּךְ אַתָּה, יְיָ, מְקַדֵּשׁ הַשַּׁבָּת.

RETURNING THE TORAH TO THE ARK

סֵדֶר הַכְנָסַת
סֵפֶר הַתּוֹרָה

When we return the Torah to the Ark, we do it with ceremony. We carry a truly precious and greatly loved scroll. It holds in its parchment the hopes, dreams, and tears of millions. We hold it close, knowing how much it means to us, and to all the generations of Jews who have come before us, and all those who will remember us with love.

As the Torah is returned to the Ark, the congregation rises:

1 יְהַלְלוּ אֶת־שֵׁם יְיָ, כִּי נִשְׂגָּב שְׁמוֹ לְבַדּוֹ.

2 הוֹדוֹ עַל אֶרֶץ וְשָׁמָיִם, וַיָּרֶם קֶרֶן לְעַמּוֹ,

3 תְּהִלָּה לְכָל־חֲסִידָיו, לִבְנֵי יִשְׂרָאֵל עַם קְרוֹבוֹ.

4 הַלְלוּיָהּ.

5 תּוֹרַת יְיָ תְּמִימָה, מְשִׁיבַת נָפֶשׁ;

6 עֵדוּת יְיָ נֶאֱמָנָה, מַחְכִּימַת פֶּתִי;

7 פִּקּוּדֵי יְיָ יְשָׁרִים, מְשַׂמְּחֵי־לֵב;

8 מִצְוַת יְיָ בָּרָה, מְאִירַת עֵינָיִם;

9 יִרְאַת יְיָ טְהוֹרָה, עוֹמֶדֶת לָעַד;

10 מִשְׁפְּטֵי יְיָ אֱמֶת, צָדְקוּ יַחְדָּו.

Before we close the Ark, we declare of the Torah that it is our tree of life, and that all its paths are peace.

11 כִּי לֶקַח טוֹב נָתַתִּי לָכֶם, תּוֹרָתִי אַל־תַּעֲזֹבוּ.

12 עֵץ־חַיִּים הִיא לַמַּחֲזִיקִים בָּהּ, וְתֹמְכֶיהָ מְאֻשָּׁר.

13 דְּרָכֶיהָ דַרְכֵי־נֹעַם, וְכָל־נְתִיבוֹתֶיהָ שָׁלוֹם.

14 הֲשִׁיבֵנוּ יְיָ אֵלֶיךָ, וְנָשׁוּבָה. חַדֵּשׁ יָמֵינוּ כְּקֶדֶם.

V

SPECIAL PRAYERS

HALLEL	הַלֵּל
FOR THE NEW MONTH	בִּרְכַּת הַחֹדֶשׁ

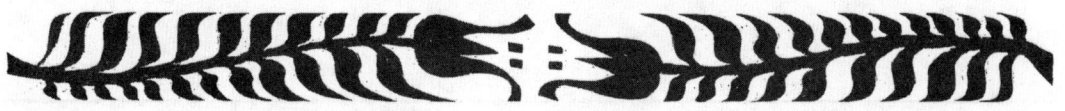

The Hallel Service is recited on the Festival Holidays (Sukkot, Passover, Shavuot), on Hanukkah, and at the beginning of each new month. הַלֵּל is a collection of psalms – poems of praise and thanksgiving.

Psalm 113 – We call upon everyone to praise God:

1   הַלְלוּיָהּ!

2   הַלְלוּ, עַבְדֵי יְיָ, הַלְלוּ אֶת־שֵׁם יְיָ!

3   יְהִי שֵׁם יְיָ מְבֹרָךְ, מֵעַתָּה וְעַד־עוֹלָם.

4   מִמִּזְרַח־שֶׁמֶשׁ עַד־מְבוֹאוֹ, מְהֻלָּל שֵׁם יְיָ.

Psalm 114 – We thank God for bringing our ancestors out of Egypt:

1   בְּצֵאת יִשְׂרָאֵל מִמִּצְרָיִם, בֵּית יַעֲקֹב מֵעַם לֹעֵז,

2   הָיְתָה יְהוּדָה לְקָדְשׁוֹ, יִשְׂרָאֵל מַמְשְׁלוֹתָיו.

3   הַיָּם רָאָה וַיָּנֹס, הַיַּרְדֵּן יִסֹּב לְאָחוֹר.

Psalm 117 – We praise God whose truth endures forever:

1 הַלְלוּ אֶת־יְיָ כָּל־גּוֹיִם! שַׁבְּחוּהוּ כָּל־הָאֻמִּים!

2 כִּי גָבַר עָלֵינוּ חַסְדּוֹ, וֶאֱמֶת־יְיָ לְעוֹלָם.

3 הַלְלוּיָהּ!

Psalm 118 – We give thanks for God's חֶסֶד – loving-kindness:

1 הוֹדוּ לַייָ כִּי־טוֹב, כִּי לְעוֹלָם חַסְדּוֹ.

2 יְיָ לִי, לֹא אִירָא; מַה־יַּעֲשֶׂה לִי אָדָם?

3 עָזִּי וְזִמְרָת יָהּ, וַיְהִי־לִי לִישׁוּעָה.

4 קוֹל רִנָּה וִישׁוּעָה בְּאָהֳלֵי צַדִּיקִים.

Each new Hebrew month begins when a new moon appears. On the Shabbat preceding the first day of the new month, we recite a blessing called בִּרְכַּת הַחֹדֶשׁ.

1 יְהִי רָצוֹן מִלְּפָנֶיךָ, יְיָ אֱלֹהֵינוּ וֵאלֹהֵי אֲבוֹתֵינוּ,

2 שֶׁתְּחַדֵּשׁ עָלֵינוּ אֶת הַחֹדֶשׁ הַזֶּה

3 לְטוֹבָה וְלִבְרָכָה.

4 וְתִתֶּן־לָנוּ חַיִּים אֲרֻכִּים, חַיִּים שֶׁל־שָׁלוֹם,

5 חַיִּים שֶׁל־טוֹבָה, חַיִּים שֶׁל־בְּרָכָה,

6 חַיִּים שֶׁתְּהִי בָנוּ אַהֲבַת תּוֹרָה וְיִרְאַת שָׁמַיִם,

7 חַיִּים שֶׁיִּמָּלְאוּ מִשְׁאֲלוֹת לִבֵּנוּ לְטוֹבָה.

8   מִי שֶׁעָשָׂה נִסִּים לַאֲבוֹתֵינוּ וְגָאַל אוֹתָם

9   מֵעַבְדוּת לְחֵרוּת, הוּא יִגְאַל אוֹתָנוּ בְּקָרוֹב,

10   חֲבֵרִים כָּל יִשְׂרָאֵל, וְנֹאמַר: אָמֵן.

11   רֹאשׁ חֹדֶשׁ... יִהְיֶה בְּיוֹם...

12   הַבָּא עָלֵינוּ וְעַל־כָּל־יִשְׂרָאֵל לְטוֹבָה.

VI

CONCLUDING PRAYERS

| ALEINU | עָלֵינוּ |
| MOURNER'S KADDISH | קַדִּישׁ |

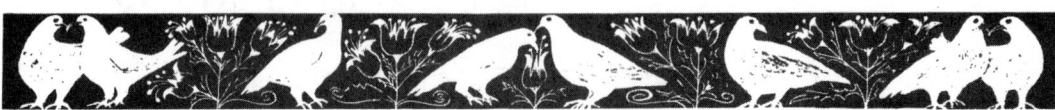

One of the world's great prayers, *Aleinu* is part of the concluding section of every service. We are called to praise the God of creation whose love makes us aware of our special truth as Jews, our own unique tradition and way of life. The hope we then express is that all humankind will come to the knowledge that they are brothers and sisters, united in friendship, called to make God One by making God's world One World.

עָלֵינוּ לְשַׁבֵּחַ לַאֲדוֹן הַכֹּל, לָתֵת גְּדֻלָּה ₁

לְיוֹצֵר בְּרֵאשִׁית, שֶׁלֹּא עָשָׂנוּ כְּגוֹיֵי הָאֲרָצוֹת, ₂

וְלֹא שָׂמָנוּ כְּמִשְׁפְּחוֹת הָאֲדָמָה; ₃

שֶׁלֹּא שָׂם חֶלְקֵנוּ כָּהֶם, וְגֹרָלֵנוּ כְּכָל־הֲמוֹנָם. ₄

וַאֲנַחְנוּ כּוֹרְעִים וּמִשְׁתַּחֲוִים וּמוֹדִים ₅

לִפְנֵי מֶלֶךְ מַלְכֵי הַמְּלָכִים, הַקָּדוֹשׁ בָּרוּךְ הוּא, ₆

שֶׁהוּא נוֹטֶה שָׁמַיִם וְיוֹסֵד אָרֶץ, ₇

וּמוֹשַׁב יְקָרוֹ בַּשָּׁמַיִם מִמַּעַל, ₈

וּשְׁכִינַת עֻזּוֹ בְּגָבְהֵי מְרוֹמִים. הוּא אֱלֹהֵינוּ, ₉

אֵין עוֹד; אֱמֶת מַלְכֵּנוּ, אֶפֶס זוּלָתוֹ, ₁₀

כַּכָּתוּב בְּתוֹרָתוֹ: ₁₁

"וְיָדַעְתָּ הַיּוֹם וַהֲשֵׁבֹתָ אֶל־לְבָבֶךָ, ₁₂

כִּי יְיָ הוּא הָאֱלֹהִים בַּשָּׁמַיִם מִמַּעַל ₁₃

וְעַל־הָאָרֶץ מִתָּחַת, אֵין עוֹד." ₁₄

15 עַל כֵּן נְקַוֶּה לְךָ, יְיָ אֱלֹהֵינוּ, לִרְאוֹת מְהֵרָה

16 בְּתִפְאֶרֶת עֻזֶּךָ, לְהַעֲבִיר גִּלּוּלִים מִן־הָאָרֶץ,

17 וְהָאֱלִילִים כָּרוֹת יִכָּרֵתוּן, לְתַקֵּן עוֹלָם בְּמַלְכוּת

18 שַׁדַּי. וְכָל־בְּנֵי בָשָׂר יִקְרְאוּ בִשְׁמֶךָ, לְהַפְנוֹת אֵלֶיךָ

19 כָּל־רִשְׁעֵי אָרֶץ. יַכִּירוּ וְיֵדְעוּ כָּל־יוֹשְׁבֵי תֵבֵל כִּי

20 לְךָ תִּכְרַע כָּל־בֶּרֶךְ, תִּשָּׁבַע כָּל־לָשׁוֹן. לְפָנֶיךָ, יְיָ

21 אֱלֹהֵינוּ, יִכְרְעוּ וְיִפֹּלוּ. וְלִכְבוֹד שִׁמְךָ יְקָר יִתֵּנוּ,

22 וִיקַבְּלוּ כֻלָּם אֶת־עֹל מַלְכוּתֶךָ, וְתִמְלוֹךְ עֲלֵיהֶם

23 מְהֵרָה לְעוֹלָם וָעֶד. כִּי הַמַּלְכוּת שֶׁלְּךָ הִיא,

24 וּלְעוֹלְמֵי עַד תִּמְלוֹךְ בְּכָבוֹד, כַּכָּתוּב בְּתוֹרָתֶךָ:

25 "יְיָ יִמְלֹךְ לְעֹלָם וָעֶד."

26 וְנֶאֱמַר: "וְהָיָה יְיָ לְמֶלֶךְ עַל־כָּל־הָאָרֶץ;

27 בַּיּוֹם הַהוּא יִהְיֶה יְיָ אֶחָד וּשְׁמוֹ אֶחָד."

MOURNER'S KADDISH — קַדִּישׁ יָתוֹם

The prayer we call *Kaddish* is one of the best known of all our prayers. It is recited by mourners, yet it makes no mention of death. Instead, it is a prayer celebrating God's greatness and expressing the hope that this world of ours may truly become God's world, soon, in our own day.

יִתְגַּדַּל וְיִתְקַדַּשׁ שְׁמֵהּ רַבָּא בְּעָלְמָא דִּי־בְרָא
כִרְעוּתֵהּ, וְיַמְלִיךְ מַלְכוּתֵהּ בְּחַיֵּיכוֹן וּבְיוֹמֵיכוֹן
וּבְחַיֵּי דְכָל־בֵּית יִשְׂרָאֵל, בַּעֲגָלָא וּבִזְמַן קָרִיב,
וְאִמְרוּ: אָמֵן. יְהֵא שְׁמֵהּ רַבָּא מְבָרַךְ לְעָלַם
וּלְעָלְמֵי עָלְמַיָּא. יִתְבָּרַךְ וְיִשְׁתַּבַּח, וְיִתְפָּאַר
וְיִתְרוֹמַם וְיִתְנַשֵּׂא, וְיִתְהַדַּר וְיִתְעַלֶּה וְיִתְהַלַּל
שְׁמֵהּ דְּקוּדְשָׁא, בְּרִיךְ הוּא,
לְעֵלָּא מִן־כָּל־בִּרְכָתָא וְשִׁירָתָא,
תֻּשְׁבְּחָתָא וְנֶחֱמָתָא דַּאֲמִירָן בְּעָלְמָא,
וְאִמְרוּ: אָמֵן.
יְהֵא שְׁלָמָא רַבָּא מִן־שְׁמַיָּא וְחַיִּים עָלֵינוּ
וְעַל־כָּל־יִשְׂרָאֵל, וְאִמְרוּ: אָמֵן.
עֹשֶׂה שָׁלוֹם בִּמְרוֹמָיו, הוּא יַעֲשֶׂה שָׁלוֹם
עָלֵינוּ וְעַל־כָּל־יִשְׂרָאֵל, וְאִמְרוּ: אָמֵן.

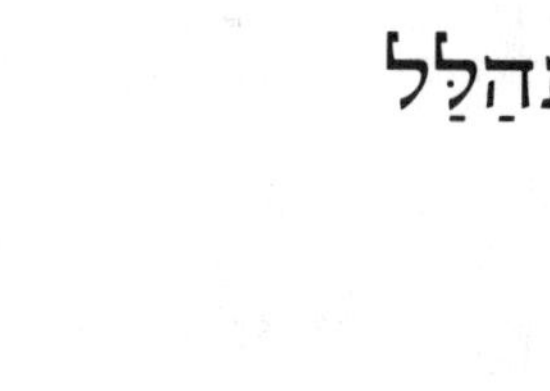

VII

SONGS AND HYMNS

EIN KEILOHEINU	אֵין כֵּאלֹהֵינוּ
ADON OLAM	אֲדוֹן עוֹלָם
YIGDAL	יִגְדַּל
SHALOM ALEICHEM	שָׁלוֹם עֲלֵיכֶם
HATIKVAH	הַתִּקְוָה

EIN KEILOHEINU אֵין כֵּאלֹהֵינוּ

Wherever you go, when you worship in a synagogue, *Ein Keiloheinu* is likely to be sung near the conclusion of the service. The words are simple, the tune easy. This song goes back perhaps a thousand years.

1 אֵין כֵּאלֹהֵינוּ, אֵין כַּאדוֹנֵינוּ,

2 אֵין כְּמַלְכֵּנוּ, אֵין כְּמוֹשִׁיעֵנוּ.

3 מִי כֵאלֹהֵינוּ? מִי כַאדוֹנֵינוּ?

4 מִי כְמַלְכֵּנוּ? מִי כְמוֹשִׁיעֵנוּ?

5 נוֹדֶה לֵאלֹהֵינוּ, נוֹדֶה לַאדוֹנֵינוּ,

6 נוֹדֶה לְמַלְכֵּנוּ, נוֹדֶה לְמוֹשִׁיעֵנוּ.

7 בָּרוּךְ אֱלֹהֵינוּ, בָּרוּךְ אֲדוֹנֵינוּ,

8 בָּרוּךְ מַלְכֵּנוּ, בָּרוּךְ מוֹשִׁיעֵנוּ.

9 אַתָּה הוּא אֱלֹהֵינוּ, אַתָּה הוּא אֲדוֹנֵינוּ,

10 אַתָּה הוּא מַלְכֵּנוּ, אַתָּה הוּא מוֹשִׁיעֵנוּ.

ADON OLAM

אֲדוֹן עוֹלָם

Adon Olam is a poem about God – the One God who was, is, and always will be. It is about the way we relate to God, too. Ours is a way of faith, of trust, of confidence that we are loved and cared for by the God of all time.

1 אֲדוֹן עוֹלָם, אֲשֶׁר מָלַךְ   בְּטֶרֶם כָּל־יְצִיר נִבְרָא,

2 לְעֵת נַעֲשָׂה בְחֶפְצוֹ כֹּל,   אֲזַי מֶלֶךְ שְׁמוֹ נִקְרָא.

3 וְאַחֲרֵי כִּכְלוֹת הַכֹּל,   לְבַדּוֹ יִמְלוֹךְ נוֹרָא,

4 וְהוּא הָיָה, וְהוּא הֹוֶה,   וְהוּא יִהְיֶה בְּתִפְאָרָה.

5 וְהוּא אֶחָד, וְאֵין שֵׁנִי   לְהַמְשִׁיל לוֹ, לְהַחְבִּירָה,

6 בְּלִי רֵאשִׁית, בְּלִי תַכְלִית,   וְלוֹ הָעֹז וְהַמִּשְׂרָה.

7 וְהוּא אֵלִי, וְחַי גּוֹאֲלִי,   וְצוּר חֶבְלִי בְּעֵת צָרָה,

8 וְהוּא נִסִּי וּמָנוֹס לִי,   מְנָת כּוֹסִי בְּיוֹם אֶקְרָא.

9 בְּיָדוֹ אַפְקִיד רוּחִי   בְּעֵת אִישָׁן וְאָעִירָה,

10 וְעִם־רוּחִי גְּוִיָּתִי: יְיָ לִי, וְלֹא אִירָא.

53

YIGDAL

יִגְדַּל

The יִגְדַּל hymn is often sung on Festivals at the end of the Morning and Evening Services. This hymn praises God. It also summarizes, in a poetic way, the Thirteen Principles of Jewish belief.

1 יִגְדַּל אֱלֹהִים חַי וְיִשְׁתַּבַּח,

2 נִמְצָא וְאֵין עֵת אֶל־מְצִיאוּתוֹ.

3 אֶחָד וְאֵין יָחִיד כְּיִחוּדוֹ,

4 נֶעְלָם וְגַם אֵין סוֹף לְאַחְדוּתוֹ.

5 אֵין לוֹ דְמוּת הַגּוּף וְאֵינוֹ גוּף,

6 לֹא נַעֲרוֹךְ אֵלָיו קְדֻשָּׁתוֹ.

7 קַדְמוֹן לְכָל־דָּבָר אֲשֶׁר נִבְרָא,

8 רִאשׁוֹן וְאֵין רֵאשִׁית לְרֵאשִׁיתוֹ.

9 הִנּוֹ אֲדוֹן עוֹלָם,

10 לְכָל־נוֹצָר יוֹרֶה גְדֻלָּתוֹ וּמַלְכוּתוֹ.

11 שֶׁפַע נְבוּאָתוֹ נְתָנוֹ, אֶל־אַנְשֵׁי סְגֻלָּתוֹ וְתִפְאַרְתּוֹ.

12 לֹא קָם בְּיִשְׂרָאֵל כְּמֹשֶׁה עוֹד נָבִיא

13 וּמַבִּיט אֶת־תְּמוּנָתוֹ,

14 תּוֹרַת אֱמֶת נָתַן לְעַמּוֹ אֵל,

15 עַל יַד נְבִיאוֹ נֶאֱמַן בֵּיתוֹ.

SHALOM ALEICHEM שָׁלוֹם עֲלֵיכֶם

According to an old Jewish legend, two angels come home with us when we return from synagogue on the eve of Shabbat. In this song we welcome them, because they are messengers of God, and we ask them to bless us.

1 שָׁלוֹם עֲלֵיכֶם, מַלְאֲכֵי הַשָּׁרֵת, מַלְאֲכֵי עֶלְיוֹן,

2 מִמֶּלֶךְ מַלְכֵי הַמְּלָכִים, הַקָּדוֹשׁ בָּרוּךְ הוּא.

3 בּוֹאֲכֶם לְשָׁלוֹם, מַלְאֲכֵי הַשָּׁלוֹם, מַלְאֲכֵי עֶלְיוֹן,

4 מִמֶּלֶךְ מַלְכֵי הַמְּלָכִים, הַקָּדוֹשׁ בָּרוּךְ הוּא.

5 בָּרְכוּנִי לְשָׁלוֹם, מַלְאֲכֵי הַשָּׁלוֹם, מַלְאֲכֵי עֶלְיוֹן,

6 מִמֶּלֶךְ מַלְכֵי הַמְּלָכִים, הַקָּדוֹשׁ בָּרוּךְ הוּא.

7 צֵאתְכֶם לְשָׁלוֹם, מַלְאֲכֵי הַשָּׁלוֹם, מַלְאֲכֵי עֶלְיוֹן,

8 מִמֶּלֶךְ מַלְכֵי הַמְּלָכִים, הַקָּדוֹשׁ בָּרוּךְ הוּא.

HATIKVAH הַתִּקְוָה

We sometimes sing Israel's anthem, in thanksgiving that our people has returned to the land of Israel. For centuries we hoped and prayed for this, and now it has come about. What joy that we are alive to see this miracle!

כָּל עוֹד בַּלֵּבָב פְּנִימָה
נֶפֶשׁ יְהוּדִי הוֹמִיָּה,
וּלְפַאֲתֵי מִזְרָח קָדִימָה
עַיִן לְצִיּוֹן צוֹפִיָּה:
עוֹד לֹא אָבְדָה תִּקְוָתֵנוּ,
הַתִּקְוָה שְׁנוֹת אַלְפַּיִם,
לִהְיוֹת עַם חָפְשִׁי בְּאַרְצֵנוּ,
בְּאֶרֶץ צִיּוֹן וִירוּשָׁלַיִם:

VIII

PRAYERS FOR HOME AND SYNAGOGUE

BLESSINGS	בְּרָכוֹת
SABBATH KIDDUSH	קִדּוּשׁ
BIRKAT HAMAZON	בִּרְכַּת הַמָּזוֹן
LIGHTING ḤANUKKAH CANDLES	הַדְלָקַת הַנֵּרוֹת לַחֲנוּכָּה
THE FOUR QUESTIONS	אַרְבַּע קוּשְׁיוֹת

It is a blessing to be alive. Our tradition teaches us to give thanks for food of all kinds, and to remember God when fulfilling a Mitzvah such as lighting the candles on Shabbat or entering a Sukkah, and so much more. We don't take our blessings for granted. Here are some of the many blessings we are taught to say.

blessings 4 enjoying things

בָּרוּךְ אַתָּה יְיָ אֱלֹהֵינוּ מֶלֶךְ הָעוֹלָם

Bread:

1   הַמוֹצִיא לֶחֶם מִן הָאָרֶץ.

Wine:

2   בּוֹרֵא פְּרִי הַגָּפֶן.

Spices:

3   בּוֹרֵא מִינֵי בְשָׂמִים.

Havdalah Candle:

4   בּוֹרֵא מְאוֹרֵי הָאֵשׁ.

Tree Fruit:

5   בּוֹרֵא פְּרִי הָעֵץ.

Vegetables:

6   בּוֹרֵא פְּרִי הָאֲדָמָה.

Cake:

7   בּוֹרֵא מִינֵי מְזוֹנוֹת.

Meat, Fish, etc.:

8   שֶׁהַכֹּל נִהְיֶה בִּדְבָרוֹ.

Sheheḥeyanu:

9   שֶׁהֶחֱיָנוּ וְקִיְּמָנוּ וְהִגִּיעָנוּ לַזְּמַן הַזֶּה.

blessings for ritual

✱ always say before doing

בָּרוּךְ אַתָּה יְיָ אֱלֹהֵינוּ מֶלֶךְ הָעוֹלָם,
אֲשֶׁר קִדְּשָׁנוּ בְּמִצְוֹתָיו וְצִוָּנוּ

Mezuzah:

1　לִקְבּוֹעַ מְזוּזָה.

Shabbat Candles:

2　לְהַדְלִיק נֵר שֶׁל שַׁבָּת.

Tallit:

3　לְהִתְעַטֵּף בַּצִּיצִת.

Washing Hands:

4　עַל־נְטִילַת יָדָיִם.

Shofar:

5　לִשְׁמוֹעַ קוֹל שׁוֹפָר.

Sukkah:

6　לֵישֵׁב בַּסֻּכָּה.

Lulav:

7　עַל־נְטִילַת לוּלָב.

Megillah:

8　עַל מִקְרָא מְגִלָּה.

Matzah:

9　עַל אֲכִילַת מַצָּה.

קִדּוּשׁ, a word related to קָדוֹשׁ, "holy," is the prayer in which we speak of the holy day we call Shabbat. Shabbat is holy, says the Kiddush, because it is a reminder of the creation of the world, a day of rest reminding us, as well, of our escape from slavery in Egypt, for slaves are not allowed a day of rest.

1 בָּרוּךְ אַתָּה, יְיָ אֱלֹהֵינוּ, מֶלֶךְ הָעוֹלָם,

2 בּוֹרֵא פְּרִי הַגָּפֶן.

3 בָּרוּךְ אַתָּה, יְיָ אֱלֹהֵינוּ, מֶלֶךְ הָעוֹלָם,

4 אֲשֶׁר קִדְּשָׁנוּ בְּמִצְוֹתָיו וְרָצָה בָנוּ,

5 וְשַׁבַּת קָדְשׁוֹ בְּאַהֲבָה וּבְרָצוֹן הִנְחִילָנוּ,

6 זִכָּרוֹן לְמַעֲשֵׂה בְרֵאשִׁית.

7 כִּי הוּא יוֹם תְּחִלָּה לְמִקְרָאֵי קֹדֶשׁ,

8 זֵכֶר לִיצִיאַת מִצְרָיִם.

9 כִּי־בָנוּ בָחַרְתָּ וְאוֹתָנוּ קִדַּשְׁתָּ מִכָּל־הָעַמִּים,

10 וְשַׁבַּת קָדְשְׁךָ בְּאַהֲבָה וּבְרָצוֹן הִנְחַלְתָּנוּ.

11 בָּרוּךְ אַתָּה, יְיָ, מְקַדֵּשׁ הַשַּׁבָּת.

BIRKAT HAMAZON בִּרְכַּת הַמָּזוֹן

When we finish a meal we recite a special prayer of thanksgiving for the food we have eaten and for all the good things that are God's gifts to us. These gifts, we say, include freedom, the Torah, and life itself.

1 בָּרוּךְ אַתָּה, יְיָ אֱלֹהֵינוּ, מֶלֶךְ הָעוֹלָם,

2 הַזָּן אֶת־הָעוֹלָם כֻּלּוֹ בְּטוּבוֹ,

3 בְּחֵן בְּחֶסֶד וּבְרַחֲמִים.

4 הוּא נוֹתֵן לֶחֶם לְכָל־בָּשָׂר,

5 כִּי לְעוֹלָם חַסְדּוֹ.

6 וּבְטוּבוֹ הַגָּדוֹל תָּמִיד לֹא חָסַר לָנוּ,

7 וְאַל יֶחְסַר לָנוּ מָזוֹן לְעוֹלָם וָעֶד,

8 בַּעֲבוּר שְׁמוֹ הַגָּדוֹל.

9 כִּי הוּא אֵל זָן וּמְפַרְנֵס לַכֹּל, וּמֵטִיב לַכֹּל,

10 וּמֵכִין מָזוֹן לְכָל־בְּרִיּוֹתָיו אֲשֶׁר בָּרָא.

11 בָּרוּךְ אַתָּה, יְיָ, הַזָּן אֶת־הַכֹּל.

12 נוֹדֶה לְךָ, יְיָ אֱלֹהֵינוּ, עַל שֶׁהוֹצֵאתָנוּ

13 מֵאֶרֶץ מִצְרַיִם, וּפְדִיתָנוּ מִבֵּית עֲבָדִים,

14 וְעַל תּוֹרָתְךָ שֶׁלִּמַּדְתָּנוּ, וְעַל חֻקֶּיךָ שֶׁהוֹדַעְתָּנוּ,

15 וְעַל חַיִּים חֵן וָחֶסֶד שֶׁחוֹנַנְתָּנוּ,

16 וְעַל אֲכִילַת מָזוֹן שָׁאַתָּה זָן וּמְפַרְנֵס אוֹתָנוּ תָּמִיד

17 בְּכָל־יוֹם וּבְכָל־עֵת וּבְכָל־שָׁעָה.

18 וְעַל הַכֹּל, יְיָ אֱלֹהֵינוּ, אֲנַחְנוּ מוֹדִים לָךְ,

19 וּמְבָרְכִים אוֹתָךְ. יִתְבָּרַךְ שִׁמְךָ בְּפִי כָל־חַי תָּמִיד

20 לְעוֹלָם וָעֶד, כַּכָּתוּב: "וְאָכַלְתָּ וְשָׂבָעְתָּ, וּבֵרַכְתָּ

21 אֶת־יְיָ אֱלֹהֶיךָ עַל־הָאָרֶץ הַטֹּבָה אֲשֶׁר נָתַן־לָךְ."

22 בָּרוּךְ אַתָּה, יְיָ, עַל־הָאָרֶץ וְעַל־הַמָּזוֹן.

LIGHTING HANUKKAH CANDLES

הַדְלָקַת הַנֵּרוֹת לַחֲנוּכָּה

By these blessings, we speak of the lights of Ḥanukkah, and of the wonders by which we gained our freedom in the time of the Maccabees, so that we are able even now to celebrate our festivals and to live our faith as free people.

---

1 בָּרוּךְ אַתָּה, יְיָ אֱלֹהֵינוּ, מֶלֶךְ הָעוֹלָם,

2 אֲשֶׁר קִדְּשָׁנוּ בְּמִצְוֹתָיו, וְצִוָּנוּ

3 לְהַדְלִיק נֵר שֶׁל חֲנֻכָּה.

4 בָּרוּךְ אַתָּה, יְיָ אֱלֹהֵינוּ, מֶלֶךְ הָעוֹלָם,

5 שֶׁעָשָׂה נִסִּים לַאֲבוֹתֵינוּ

6 בַּיָּמִים הָהֵם בַּזְּמַן הַזֶּה:

The following Blessing is said on the first evening only:

7 בָּרוּךְ אַתָּה, יְיָ אֱלֹהֵינוּ, מֶלֶךְ הָעוֹלָם,

8 שֶׁהֶחֱיָנוּ וְקִיְּמָנוּ וְהִגִּיעָנוּ לַזְּמַן הַזֶּה:

THE FOUR QUESTIONS

We all know about the Seder and we know that the youngest person able to ask the Four Questions is chosen for that honor. Why? Because we Jews are encouraged to ask questions from the time we are young children. If we don't ask questions, how will we ever learn answers?

---

1 מַה נִּשְׁתַּנָּה הַלַּיְלָה הַזֶּה מִכָּל הַלֵּילוֹת.

2 שֶׁבְּכָל הַלֵּילוֹת אָנוּ אוֹכְלִין חָמֵץ וּמַצָּה,

3 הַלַּיְלָה הַזֶּה כֻּלּוֹ מַצָּה.

4 שֶׁבְּכָל הַלֵּילוֹת אָנוּ אוֹכְלִין שְׁאָר יְרָקוֹת,

5 הַלַּיְלָה הַזֶּה מָרוֹר.

6 שֶׁבְּכָל הַלֵּילוֹת אֵין אָנוּ מַטְבִּילִין אֲפִילוּ פַּעַם אֶחָת,

7 הַלַּיְלָה הַזֶּה שְׁתֵּי פְעָמִים.

8 שֶׁבְּכָל הַלֵּילוֹת אָנוּ אוֹכְלִין בֵּין יוֹשְׁבִין וּבֵין מְסֻבִּין,

9 הַלַּיְלָה הַזֶּה כֻּלָּנוּ מְסֻבִּין.